Einleitung

Im Alltagsleben des Imperium Romanum prägten verschiedene Aspekte das Leben der Menschen nachhaltig und beeinflussten es jeden Tag. Es handelt sich dabei um die Bereiche der Politik, des Arbeitens, worunter Handwerk und Landwirtschaft fallen, sowie die Freizeitgestaltung (lat. *otium*), im Zuge derer Kampfarenen, Circusrennbahnen und Bäder aufgesucht wurden. Das Militär spielte nicht nur bei der Gestaltung der Lebenszeit vieler Menschen, sondern auch bei der Genese und Konstituierung des Römischen Reiches eine bedeutende Rolle.

Der Begriff *„oikonomia"* wird von griech. *„oikos"*, Haus, abgeleitet und bezieht sich ursprünglich auf die Hauswirtschaft. In der Antike herrschten Agrargesellschaften vor, in denen mehr als zwei Drittel der Bevölkerung auf dem Lande arbeiteten, um sowohl für sich selbst (Subsistenzwirtschaft) als auch die städtische Bevölkerung Nahrung und Rohstoffe zu produzieren. Zentraler Platz für den Warenkauf war bei den Römern das Forum, der Marktplatz. Das städtische Handwerk produzierte meist für den lokalen Bedarf. Arbeitskraft war in der Antike billig; bezahlt wurde in der Regel das vollendete Werk, nicht die Arbeitszeit.

Ein wesentliches Merkmal der antiken Gesellschaft war die Sklaverei. Deren wirtschaftliche Bedeutung war groß, wenngleich sie nicht immer in allen Regionen der alten Welt dominierte. Vom 1. Jh. v. bis 1. Jh. n. Chr. stellten Sklaven einen Großteil der in der Landwirtschaft und im Handwerk tätigen Arbeitskräfte. In der Spätantike hingegen beruhte die Agrarproduktion weitgehend auf der Arbeit halbfreier Bauern oder an die Scholle gebundener Pächter (lat. *coloni*). Über die Fernstraßen wurden Verbindungen in weit entfernte Regionen geschaffen und Nahrungsmittel und Gebrauchsgüter über kürzere Distanzen sowie exotische Luxusprodukte wie Seide, Parfüm, Ambra, Austern, Korallen und Edelsteine in die weit entfernten römischen Städte gebracht.

Die Hauptstadt Rom, die *urbs*, war bis in die Mitte des 3. Jh. v. Chr. stark agrarisch geprägt. Die Kontakte zu den griechischen Koloniestädten Unteritaliens und Siziliens sowie den hellenistischen Königreichen des Ostens förderten das Wachstum der mittelitalischen Städte, hatten eine erhebliche Nachfrage nach Agrarerzeugnissen zur Folge und begünstigten die Durchsetzung einer marktorientierten Villenwirtschaft. So wurde die wirtschaftliche Dynamik zu einer Triebfeder beim Aufstieg Roms zur Weltmacht.

Charakteristisch für die Wirtschaft des Prinzipats ist die Entstehung großer Produktionszentren im Handwerk, bei denen es sich um die Agglomeration zahlreicher kleiner Werkstätten handelte. Eine grundlegende Bedingung für diese anwachsende Prosperität war die Friedenszeit des 1./2. Jh. n. Chr., bedeuteten doch Kriege eine ständige Vernichtung von Gütern sowie die Zerstörung von Siedlungen, womit die wirtschaftlichen Aktivitäten wie auch eine Vermehrung des Wohlstands behindert wurden. Erst im 3. Jh. n. Chr. bedingte der Einfall germanischer Stämme in das Reich eine tiefgreifende politische Krise, die weitreichende Zerstörungen, die Unterbrechung von Kommunikationswegen und eine Verarmung der Bevölkerung mit sich brachte. Die damit einhergehende höhere Steuerbelastung hatte eine Bindung der coloni an die Scholle zur Folge. Im 5. Jh. zerbrach das Wirtschaftssystem völlig, als die germanischen Völker die Nordwestprovinzen und Afrika eroberten, die Seewege im westlichen Mittelmeerraum blockierten und die Stadt Rom von den Lieferungen aus den Provinzen abschnitten.

Über die Händler gelangten neue Gewohnheiten und Sprachen ins Römische Reich. Auch mit zuvor unbekannten Gottheiten kamen die Römer in Berührung. Die römische Religion war ursprünglich eine Bauernreligion und stark von der Natur beeinflusst. Durch den Kontakt zu den Etruskern wurde ab dem 5. Jh. v. Chr. der Götterglaube der Griechen adaptiert. Deshalb entsprechen zahlreiche Gestalten des römischen Götterhimmels jenen der griechischen Mythologie. In der Spätantike veränderte die Verbreitung des monotheistischen Christentums auch das religiöse Gefüge der römischen Welt. Vor allem im 3. Jh. n. Chr. wurden die Christen intensiv verfolgt. Im 4. Jh. n. Chr. wurde das Christentum durch Kaiser Konstantin den Großen persönlich gefördert und durch die Gesetzgebung der Kaiser Gratian und Theodosius I. zur Staatsreligion erhoben. In das Reich eindringende Germanen übernahmen die christliche Religion, die so zur religiösen Grundlage der das Imperium Romanum ablösenden Königreiche des Frühmittelalters wurde.

Das Leben auf dem Land

Im Römischen Reich wurde auf Kleinbauernhöfen für den eigenen Bedarf gewirtschaftet (Subsistenzwirtschaft) – im Gegensatz zum Großgrundbesitz, der marktorientiert wirtschaftete. Zahlreiche Hilfsmittel, Werkzeuge und Techniken wurden nur lokal genutzt, da durch die Sklavenarbeit die Verbreitung nicht erforderlich war. Die Getreidesorten Weizen, Emmer (alte, weizenähnliche Getreideart) und Gerste waren die Grundnahrungsmittel. Weizen wurde zum Brotbacken verwendet, während Emmer und Gerste als Brei verzehrt wurden. Weizen benötigt jedoch mehr Niederschlag; so wurde zur Vermeidung von Mißernten in trockeneren Gebieten vor allem Gerste angebaut. Der Getreideanbau war die zentrale Aktivität in der antiken Landwirtschaft. In der antiken Haustierhaltung dominierten – je nach vorhandenen Weidegründen – Schwein, Ziege, Schaf, Rind und Pferd. Die Viehhaltung diente der Milch- und Fleischgewinnung sowie Textil- und Seilherstellung. Die Villa – modern oft fälschlich „Villa rustica" genannt, obwohl diese Bezeichnung in den antiken Quellen nirgends auftaucht –, der bäuerliche Betrieb, war in der Antike oft nicht die ländliche Idylle, von der die Schriftsteller schwärmen. Neben den Großgütern *(Latifundien)* von über 125 ha, vielen Sklaven und Großvieh gab es kleinbäuerliche Betriebe mit Flächen von 2,5 bis 20 ha, wenigen Sklaven sowie Kleinvieh. Die Villen scheinen mit der Erwirtschaftung eines Gewinns oft planmäßig erweitert worden zu sein. Entscheidend für die Errichtung einer Villa war die Nähe zu einem Gewässer, da Wasser die Existenzgrundlage für Mensch und Tier darstellte. Auch das Straßennetz zum Absatz der Waren war ein wichtiger Standortfaktor. Die Villa verfügte über die *pars urbana*, das Herrenhaus, sowie die *pars rustica*, den landwirtschaftlichen Bereich, in welchem über den eigenen Bedarf hinaus Nahrungsmittel, Kleidung, Töpfer- und Glaswaren sowie Genussmittel wie Wein, Bier und Honig hergestellt wurden. Zum Villengelände gehörten das Herrenhaus, welches mit Badeanlagen und Mosaiken prächtig ausgestaltet sein konnte, Unterkünfte für Gesinde, Stallungen sowie Wirtschaftsräume. In der Regel wurde die Villa von ihrem Besitzer *(dominus)* verwaltet. Seit dem 2. Jh. v. Chr. oblag diese Aufgabe verstärkt Pächtern und Sklaven. Die Besitzer wohnten im Herrenhaus *(pars urbana)*; in der Nähe waren das Gesinde und die Sklaven untergebracht. Verwalter *(vilicus)* und Pächter *(procurator)* wohnten – zur gegenseitigen Kontrolle – in übereinander liegenden Räumen bei der Haustür. Die Viehhirten hatten ihre Unterkunft dicht bei den Stallungen und damit ihren Schützlingen.

Im nördlichen Gallien findet sich meist die sog. Eckrisalitvilla mit zentraler *Portikus*: Das Hauptgebäude besteht dabei aus einem großen Raum mit Herd, dem eine Säulenhalle *(Portikus)* vorgelagert ist und an dessen beiden Enden Eckräume *(Risaliten)* hervorspringen, die an stärkeren Mauerzügen erkennbar sind. Durch diese Art der Anordnung von Haupt- und Nebengebäuden sind zwei Grundformen erkennbar: Bei der häufiger vorkommenden ersten Form sind die einzelnen Gebäude, gruppiert um einen Innenhof, über das umzäunte Hofgelände verteilt. Bei der zweiten Form liegt das Hauptgebäude üblicherweise an einer der beiden Schmalseiten eines langrechteckigen Hofes. Die Nebengebäude befinden sich an den Langseiten. In Speicherbauten *(horrea)* mit durch Pfeilern oder Mauern erhöhten Böden wurde das Getreide trocken und sicher vor Ungeziefer gelagert. Stallungen sind anhand von Futterkrippen und Jaucheablaufrinnen erkennbar. Nachweise handwerklicher Tätigkeit in den Wirtschaftsgebäuden belegen Metallverarbeitung, Töpferaktivitäten, Ziegel- und Glasproduktion.

M1 Plan der Villa Nennig, 3. Jh. n. Chr.

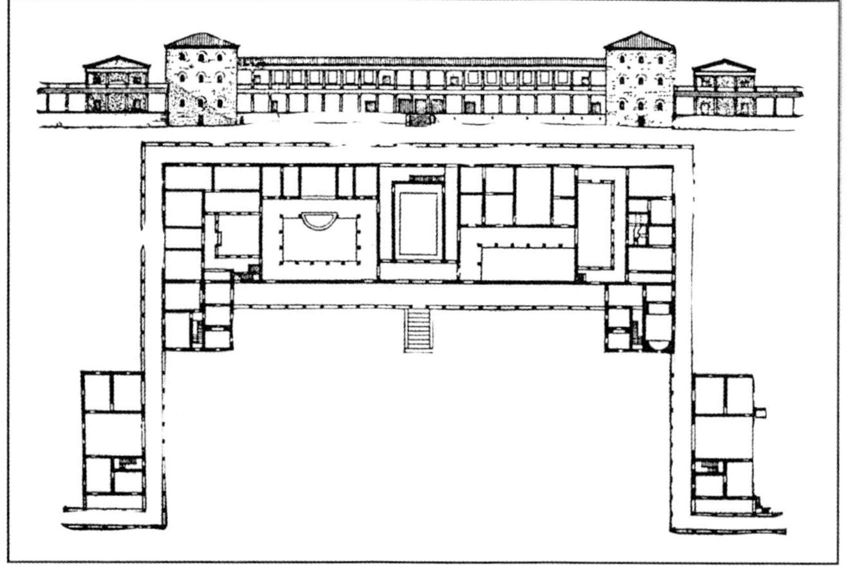

Weeber, Karl-Wilhelm, Alltag im alten Rom. Das Landleben. Düsseldorf/Zürich 2000, 176.

M2 Arbeitsgeräte aus römischer Zeit

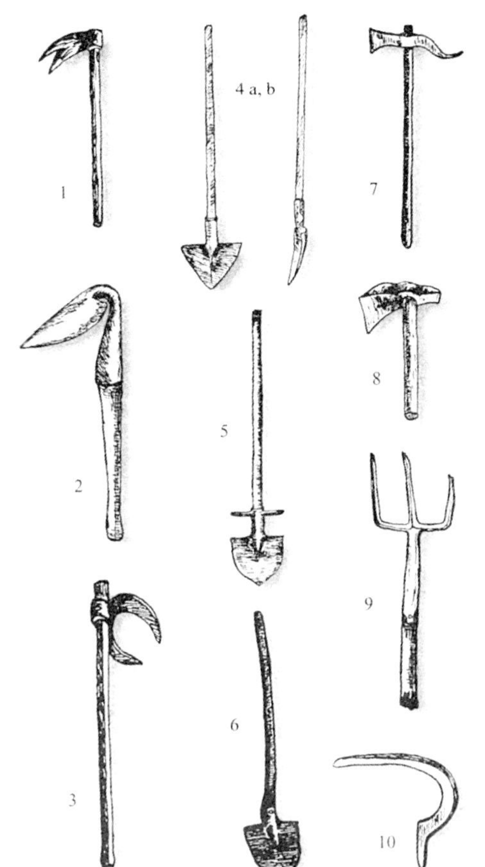

M3 Relief mit Hirten

Weeber, Karl-Wilhelm, Alltag im alten Rom. Das Landleben. Düsseldorf/Zürich 2000, 11 (links, bearbeitet), 111 (rechts).
Arbeitsgeräte (lat. Bezeichnungen): 1 ligo 2 sarculum 3 bidens 4 a,b pala 5 bipalium 6 rutrum 7 dolabra 8 ascia 9 furca ferrea 10 falx

M4 Deutsche Lehnwörter aus dem römischen Obstbau

Cerasum	
Citrus	
Ficus	
Granatum	
Persicum	
Pirum	
Prunum	

1. Beschreibe drei Arbeitsgeräte aus römischer Zeit und bestimme ihren möglichen Einsatzbereich (M2). Frage nach, ob in deiner Familie heute noch ähnliche Geräte verwendet werden.
2. Ordne die folgenden Obstsorten den lateinischen Begriffen richtig zu (M4): Granatapfel, Pflaume, Kirsche, Feige, Zitrone, Birne, Pfirsich. Finde heraus, welche Obstarten in Deiner Nachbarschaft/Deinem Heimatort besonders häufig vorkommen, die bereits die Römer nutzten.
3. Prüfe, ob auf Bauernhöfen nahe deines Heimatortes Tiere gehalten werden, die schon in römischer Zeit als Haustiere wichtig waren.
4. Erläutere die Tätigkeit des Mannes in M3. Erkläre auch, warum solche Szenen im Römischen Reich dargestellt wurden.

M5 Hirtengebet

Die Fasti, ein Lehrgedicht des römischen Dichters Ovid (43 v. Chr. bis 17. n. Chr.), beziehen sich auf die Festtage des römischen Kalenders, wobei jedem Monat ein Buch entspricht.

Böse Hungersnot sei fern, Gras und Laub soll es im Überfluss geben/Und Wasser für die Schwemme und den Durst!/Volle Euter möchte ich melken, Geld soll mir der Käse bringen,/ [...] in meinem Stalle sollen viele Lämmer sein!/Und die Wolle möge weich wachsen, kein Mädchen möge sich an ihr (beim Spinnen) verletzen, auch der zartesten Hand soll sie sich fügen./Lass mein Beten in Erfüllung gehen, und ich will jedes Jahr der Pales, der Herrin der Hirten, große Opferkuchen bringen!

Ovid, Fasti IV, 767 ff. Ed. Bömer 1957-1958.

M6 Ein Rat

Vitruv war ein römischer Architekt des 1. Jh. v. Chr. Zwischen 33 und 22 v. Chr. entstand sein Werk „Zehn Bücher über Architektur" – De architectura libri decem.

Scheunen, Vorratsräume für Heu und Futter sowie Backstuben sind [...] außerhalb der Gutshöfe anzulegen, damit sie gegen Feuergefahr sicherer sind.

Vitruv, De architectura, VI,6,5, Ed. Fensterbusch 2008.

M7 Zauberei?

Plinius der Ältere lebte von 23/24 bis 79 n. Chr. und schrieb die Naturalis historia, die Naturgeschichte, welche v. a. naturwissenschaftliche Themen behandelt.

Caius Furius Cresimus, ein Freigelassener, wurde, weil er auf seinem kleinen Acker einen viel größeren Ertrag erzielte als seine Nachbarschaft auf ihren sehr großen Grundstücken, aus Neid verdächtigt, er ziehe fremde Früchte durch Zauberkünste auf seine Äcker herüber. Er wurde deshalb [...] von dem Ädil (=Beamten) Spurius Albius (zu einem) Termin vorgeladen. Da er eine Verurteilung fürchtete [...], schaffte er sein gesamtes Ackergerät auf das Forum und brachte sein kräftiges, wohlgenährtes und gut gekleidetes Gesinde mit, seine ausgezeichnet gefertigten Eisengeräte, schweren Hacken, gewichtigen Pflugscharen und seine gut gefütterten Ochsen. Dann sagte er: „Dies sind meine Zauberwerkzeuge; mein nächtliches Arbeiten, mein Wachen und meinen Schweiß kann ich euch aber nicht zeigen und auf das Forum bringen." Er wurde daher einstimmig freigesprochen.

Plinius, naturalis historia XVIII, 41 ff. Ed. König 1973-2004.

M8 Gebet an Robigo, die Göttin des Rostes

Das Gedicht Fasti des Dichters Ovid (43 v. Chr. bis 17. n. Chr.) thematisiert die römischen Festtage. Die Göttin Robigo wurde zur Abwehr von Pilzbefall des Getreides angerufen.

Rauhe Robigo, schone die Halme der (Göttin des Getreides) Ceres/Und laß die glatten Spitzen des Getreides über dem Boden im Winde sich wiegen./Laß Du die Saaten, die im Schutze eines günstigen Klimas gesprossen sind,/wachsen, bis sie reif für die Sicheln sind!/Deine Macht lastet nicht leicht (auf uns): Das Getreide, das Du gezeichnet hast,/gibt der Bauer traurig verloren./Nicht so sehr haben Wind und Regen der Saat geschadet,/und nicht so fahl wird sie, wenn der marmorweiße Frost sie verbrannt hat,/wie wenn die Sonne auf die feuchten Ähren brennt./Das ist der Moment Deines Zorns, furchterregende Göttin!/Schone uns, ich bitte Dich, und nimm Deine rauhen Hände von den Saaten!/Schade auch den bestellten Feldern nicht! Es reicht, dass Du zu schaden vermagst./Nimm nicht die zarten Saaten in Deinen Griff, sondern das harte Eisen,/und vernichte zuvor, was andere vernichten kann!/Nützlicher ist es, Du frißt Schwerter und schädliche Waffen an./Die brauchen wir nicht: Die Welt hat Ruhe. [...]/Verletze Du aber nicht die Saat, und stets soll Dir der Bauer/In Deiner Abwesenheit sein Gelübde einlösen können!

Ovid, Fasti IV 911 ff. Ed. Bömer 1957-1958.

1. Erkläre die Wünsche im Gebet des Hirten an die Göttin Pales (M5 bis M6).
2. Nenne Gründe, warum Caius Furius Cresimus zu Wohlstand gekommen ist (M7).
3. Erläutere, warum zur Göttin Robigo gebetet wird (M8).
4. Erkläre anhand M7 und M8, worauf nach Ansicht der Menschen der damaligen Zeit die ertragreiche Ernte letztlich angewiesen ist, auch wenn Wetter und Arbeitsleistung angemessen sind.

M9 Bauernleben

Johannes Chrysostomos, „Goldmund", (ca. 349 bis 407 n. Chr.), war Erzbischof von Konstantinopel. Seine Homilien (= vertrauliche Gespräche) erklären biblische Bücher.

Die Großgrundbesitzer bürden den Bauern, die Hungers sterben, endlose und unerträgliche Mühen und Kräfte zehrende Dienste auf. Sie behandeln sie wie Esel [...] oder noch eher wie Steine und gestatten ihnen nicht einmal, etwas auszuschnaufen. Ob die Ernte gut ist oder nicht – sie fordern dasselbe und gewähren keinen Nachlass. Gibt es etwas Erbärmlicheres, als wenn man die Unglücklichen zurückkommen sieht, nachdem sie den ganzen Winter über gearbeitet haben, erschöpft vom Frost, vom Regen, von den schlaflosen Nächten, mit leeren Händen und darüber hinaus noch mit Schulden? Und sie fürchten sich mit noch größerem Schrecken als vor dieser Not und diesem Unglück vor den Folgen, den Vertreibungen, den Beschwerden der Haft, den Dienstleistungen, die ihnen die Oberaufseher unerbittlich auflegen.

Johannes Chrysostomos, De profundis. Homilia in Matthaeum 41,3. Ed. Knors 1862.

M10 Steuern

Sueton lebte von 70 bis 122 n. Chr. und schrieb „De vita Caesarum libri VIII" – Acht Bücher über das Leben der Kaiser.

Als Statthalter ihm rieten, er solle die Provinzen durch zusätzliche Steuern belasten, schrieb Tiberius zurück: Ein guter Hirt zeichne sich dadurch aus, dass er seine Schafe schere, ihnen aber nicht das Fell über die Ohren ziehe.

Sueton, Tiberius 32,2. Ed. Martinet 2001.

M11 Römische Speisen

Moretum, eine römische Brotbeilage, bestand aus (Schafs-)Käse, Olivenöl, Salz, Knoblauch, Selleriegrün, Weinraute und Koriander. Moretum lautet der Titel eines Gedichts, das als Werk Vergils in der sog. Appendix Vergiliana überliefert ist. Als Parodie schildert es, wie ein Bauer sein Tagwerk beginnt.

Mühsames Mahlen: Während die linke (Hand) bedient, ist die Rechte hart an der Arbeit: Sie lässt kreisen das Rund im immerwährenden Umlauf (Ceres (= das Getreide) fließet herab, vom Stoß der Steine zermalmet); Manchmal kommt auch die Linke der müden Schwester zu Hilfe und sie vertauschen die Rollen. Bald singt er [...] und versüßt sich die Müh' durch den Klang der bäuerlichen Stimme.

Ps.-Vergil, Moretum 25 ff. Ed. Clausen 1987.

Experimentelle Archäologie: Der obere Stein unserer Mühle [...] wiegt 14 kg, der untere 10 kg, rechnet man den Bottich und die Holzkurbel hinzu, addieren sich 27 kg. Bei fleißigem Mahlen können in einer Stunde etwa 4 kg Weizen geschrotet werden, d. h., man braucht gut 100 Minuten, um die Tagesration eines Contuberniums (=acht Soldaten) zu verarbeiten. Das Mahlen ist anstrengend und erfordert es, den Mann an der Mühle mehrfach abzulösen. Möchte man einigermaßen feines Schrot haben [...], muss man den Vorgang zwei- oder dreimal wiederholen, ein Perfektionismus, den man am Abend eines Marschtages lieber zu unterlassen pflegt.

Marcus Junkelmann, Die Legionen des Augustus. 15., gründl. überarb. u. erw. Aufl. München 2015, 211.

M12 Leben in Stadt und Land

Der römische Schriftsteller Marcus Terentius Varro lebte von 116 bis 27 v. Chr. und hinterließ u. a. das Lehrbuch De re rustica – Über die Landwirtschaft.

Unsere Vorfahren, große Männer, haben die römischen Bauern nicht ohne Grund über die Römer aus der Stadt gestellt.

Varro, De re rustica II, pr. 1. Ed. Flach 1997.

1. Stelle in einer Tabelle die Taten der Großgrundbesitzer und die Konsequenzen für die Bauern gegenüber (M9).
2. Erkläre die Aussage des Tiberius (M10).
3. Erläutere das Mahlen von Getreide anhand von M11.
4. Beurteile anhand deines bereits erworbenen Wissens die Aussage M12.

M13 Beschreibung einer Villa in Süditalien (Auvergne, Frankreich)

Sidonius Apollinaris (430 bis 480/82 bzw. 490 n. Chr.), Bischof Clermont-Ferrands, hinterließ 147 Briefe, in denen er das Leben der Oberschicht beschreibt.

[...] Ich bin in Avitacum, so heißt das Landgut [...] Das Holz [des nahen Waldes], das dort geschlagen wurde, kommt [wie] von selbst zur Öffnung der Heizungsanlage. Dort erhebt sich die Halle mit dem Warmbad, anschließend der Kosmetikraum [...]. Im Inneren des Caldariums ist es taghell [...] Daran schließt sich das kalte Bad an, das so groß ist, dass seine Becken den Vergleich mit den öffentlichen Bädern nicht zu scheuen brauchen [...] An das Kaltbad schließt sich nach Osten noch ein Freibad an. [...] In dieses Becken fließt ein Bach, der [...] in Kanäle gefasst wurde und der sein Wasser durch [einen] Springbrunnen schickt [...]. Auf der Ostseite des Hauses verläuft eine Säulenhalle [...] Vom Eingang aus erstreckt sich ein langer überdeckter, aber offener Gang [...], den ich Kryptoporticus nenne. Dessen äußerster Teil erweitert sich und bildet einen kühlen Raum, wo sich die [Diener ...] aufhalten. Von dem [...] Gang aus gelangt man zum Winteresszimmer [und ...] zum Wohnraum oder auch kleinen Speisezimmer, von wo aus man den [...] See überblickt. Vom runden Speisesofa aus genießt man [...] die schöne Aussicht [...]. Man serviert zur Entspannung Getränke [...], zudem Wein mit Eisstückchen ... Nach dem Essen kannst Du einen kühlen Raum aufsuchen [..., in dessen] Vorraum die Schar der Diener Platz findet für ein Nickerchen. Wie entzückend es hier ist, wenn man dem Mittagskonzert der Grillen lauscht oder in der Dämmerung dem Quaken der Frösche, [...] – und am Abend das Konzert der Hirtenflöten, vermischt mit dem Blöken der Herden, [...] danach entspannt in einen tiefen Schlummer sinken ...

Sidonius Apollinaris, Epistulae II,2,3–14. Ed. Köhler 2014.

M14 Catos Sicht des Landlebens

Cato der Ältere l(234 bis 149 v. Chr.) gilt als „Musterrömer“. In De senectute, „Über das Alter“, trägt Cato seine Ansichten über das Alter vor.

Ich komme jetzt zu den Freuden des Ackerbaus [...]. Man hat es dabei nämlich mit der Erde zu tun, die sich einem niemals verweigert und niemals ohne Zins zurückgibt, was sie empfangen hat [...]. Gleichwohl empfinde ich Freude nicht nur am Ertrag, sondern auch an [...] der Natur selbst [...]. Es kann nichts Nützlicheres und Schöneres als einen wohlbestellten Acker geben. Sich daran zu erfreuen hindert einen das Alter nicht nur nicht, es lädt vielmehr geradezu dazu ein [...]. Denn wo könnte man sich in diesem Lebensalter besser an der Sonne oder am Feuer wärmen und andererseits bekömmlicher an Schatten und Wasser erfrischen?

Cato, De senectute 51 und 57. Ed. Merklin 2011.

M15 Grabinschrift: Der Schnitter von Mactaris (Maktar, Tunesien)

Das CIL – Corpus Inscriptionum Latinarum – ist eine Sammlung lateinischer Inschriften.

Ich stamme aus armem Haus und von einem kleinbäuerlichen Vater, der weder Vermögen noch eine Villa besaß. Seit meiner Geburt habe ich auf dem Lande gelebt, indem ich meine Felder bebaute, weder für das Land selbst noch für mich gab es je eine Ruhepause. Und wenn das Jahr reife Saaten hervorgebracht hatte, war ich dann der erste Schnitter. Wenn die sicheltragende Kolonne von Männern auf die Felder ausgerückt war, [...] ging ich als Schnitter allen anderen als erster auf den Feldern voran [...] Zweimal sechs Ernten habe ich unter sengender Sonne abgemäht, da wurde ich aufgrund meiner Arbeitsleistung zum Vorarbeiter gemacht. In elf Jahren habe ich Schnitterkolonnen angeführt, und unsere Hand hat die Felder Numidiens gemäht. Diese Arbeit und eine mit Wenigem zufriedene Lebensweise haben Mich zum Eigentümer einer Villa gemacht. Ein Gutshof wurde erworben, und der Villa selbst mangelt es an keiner Pracht. Auch erntete meine Lebensweise Früchte in Form von Ehrenämtern: In der Liste der Ratsmitglieder war auch ich selbst verzeichnet. Im Rat habe ich, von diesem Gremium gewählt, gesessen, und vom kleinen Bauer bin ich selbst zum Zensor aufgestiegen. Ich habe Söhne gezeugt und sie als Männer ebenso erlebt wie meine Enkel. Als Lohn für mein Leben habe ich glanzvolle Jahre erlebt, die keine böse Zunge durch üble Nachrede verdunkelt hat. So hat zu sterben verdient, wer ohne Trug gelebt hat.

CIL VIII 11824.

1. Zeichne unter Berücksichtigung von M1 und M13 den Plan der Villa von Avitacum.
2. Bilde dir anhand von M1, M13 und M14 ein Urteil über die Vorzüge und Nachteile des Landlebens.
3. Skizziere den Lebenslauf des Schnitters von Mactaris in M15.
4. Nimm Stellung zur Aussage der Grabinschrift M15 – beurteile dabei auch die Einstellung des Verstorbenen zu seinem eigenen Leben.

M16 Feldarbeit

Der römische Schriftsteller Varro lebte von 116 bis 27 v. Chr. und hinterließ u. a. das Lehrbuch De re rustica – Über die Landwirtschaft.

[Mit diesen Mitteln werden die Felder bestellt]. Die Mittel teilen die einen in zwei Gruppen auf: in Menschen und Geräte der Menschen, [...] die anderen in drei Gruppen: sprachfähige, halbsprachfähige und stumme Arbeitsmittel – die sprachfähigen, unter die die Sklaven, die halbsprachfähigen, unter die die Rinder, und die stummen, unter die die Fuhrwerke fallen.

Varro, De re rustica I,17,1. Ed. Flach 1997.

M17 Ein Rat für den Gutsverwalter

Der römische Schriftsteller Columella, gestorben um 70 n. Chr., verfasste ein Werk über die Landwirtschaft in zwölf Büchern, die Rei rusticae libri duodecim.

Deshalb muss der Gutsverwalter darauf achten, dass die Sklaven nicht schon gleich am Tagesanfang zögernd und lahm ausrücken, sondern ihm wie in einer Schlacht, zu der er frisch und energisch voraus marschiert, wie einem Feldherrn unverdrossen folgen.

Columella, De re rustica XI,1,17. Ed. Ahrens 1972.

M18 Grabinschrift aus Mainz

Der Viehhirt Iucundus, Freigelassener des Terentius.
Wer auch immer Du dies im Vorübergehen liest,
bleib stehen, Wanderer,
und sieh, auf welch empörende Weise dahingerafft,
ich die Leere beklage.
Ich durfte nicht länger als dreißig Jahre leben,
denn ein Sklave hat mir mein Leben entrissen.
Er selbst stürzte sich kopfüber in den Fluss.
Was seinem Herrn er entriss,
das hat der Main ihm geraubt.
Sein Patron hat diesen Grabstein aus
Seinem eigenen Vermögen gestiftet.

CIL XIII 7070.

M19 Zeichnung eines an den Füßen gefesselten Sklaven

Weeber, Karl-Wilhelm, Alltag im alten Rom. Das Landleben. Düsseldorf/Zürich 2000, 13.

M20 Ein Grabstein für den Vorgesetzten

Dem Hippokrates, Gutsverwalter des Plautus, das Gesinde des Landguts, dem er ein milder Vorgesetzter war.
CIL IX 3028.

1. Erläutere die Sicht des Varro auf die Sklaven (M16).
2. Erkläre Columellas Aussage in M17.
3. Beurteile den Vergleich des Gutsverwalters mit dem Feldherrn (M17).
4. Schildere das Geschehen in M18 aus der Sicht eines Augenzeugen.
5. Interpretiere die Abbildung M19.
6. Nimm Stellung zur Aussage des Grabsteins M20.

Stadtleben im Alten Rom

M1 Die Stadt Rom – Karte

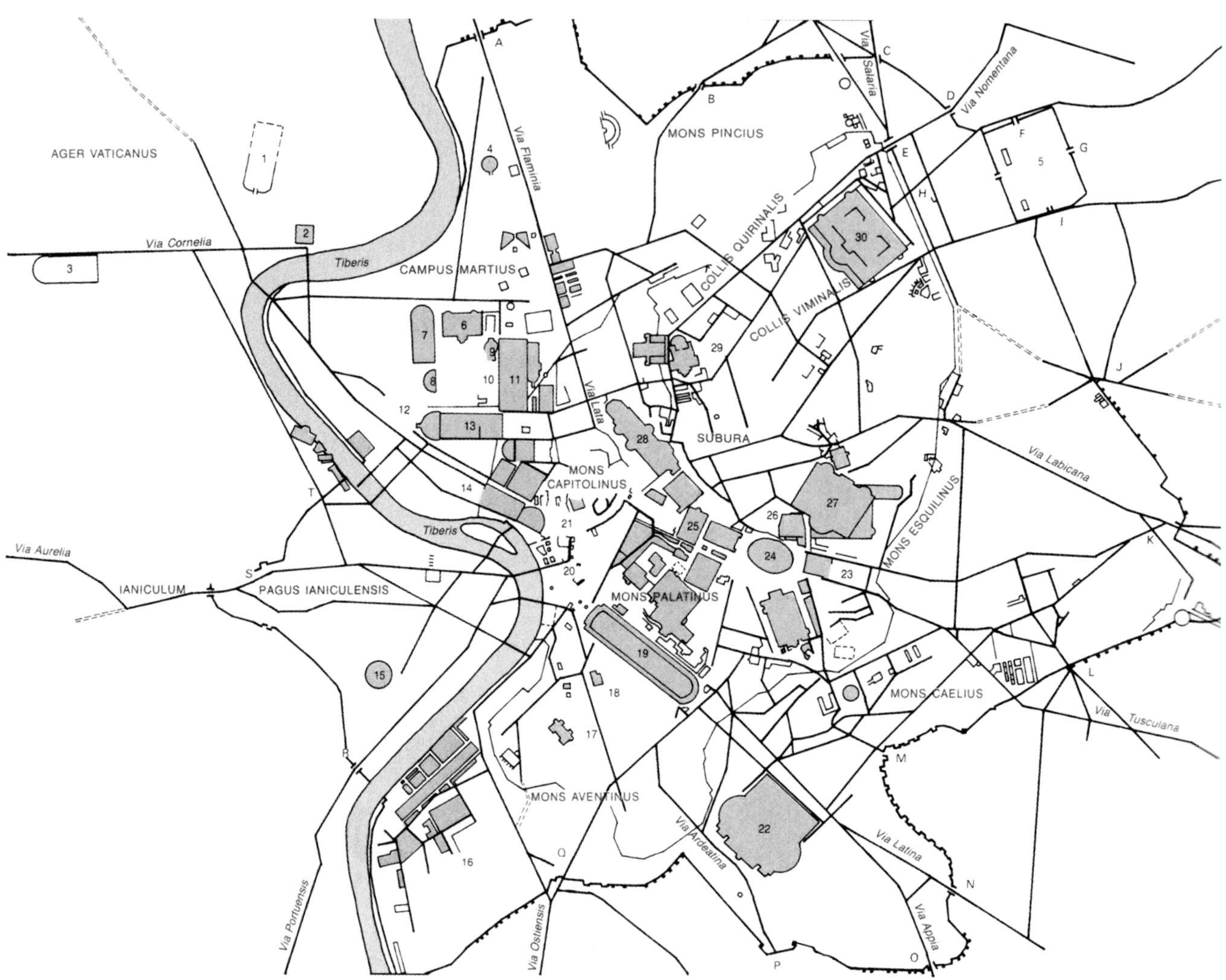

Weeber, Karl-Wilhelm, Panem et circenses. Mainz 1994, 132 (bearbeitet).

A Porta Flaminia
B Porta Pinciana
C Porta Salaria
D Porta Nomentana
E Porta Collina
F Porta Praetoria
G Porta Principalis Dextra
H Porta Principalis Sinistra
I Porta Decumana
J Porta Tiburtina
K Porta Labicana
L Porta Asinaria
M Porta Metrovia
N Porta Latina
O Porta Appia
P Porta Ardeatina
Q Porta Ostiensis
R Porta Portuensis
S Porta Aurelia
T Porta Septimiana
1 Naumachia Vaticana
2 Mausoleum des Hadrian
3 Circus des Gaius und Nero
4 Mausoleum des Augustus
5 Castra Praetoria
6 Nero-Thermen
7 Stadium des Domitian
8 Odeum
9 Pantheon
10 Agrippa-Thermen
11 Saepta Iulia
12 Pompeius-Theater
13 Porticus
14 Circus Flaminius
15 Naumachia Augusti (?)
16 Kornspeicher
17 Thermen des Decius
18 Thermen des Sura
19 Circus Maximus
20 Forum Boarium
21 Marcellus-Theater
22 Caracalla-Thermen
23 Ludus Magnus
24 Colosseum
25 Forum Romanum
26 Titus-Thermen
27 Trajansthermen
28 Kaiserfora
29 Konstantin-Thermen
30 Diokletiansthermen

M2 Die Annehmlichkeiten der Urbs

Titus Calpurnius Siculus dichtete im 1. Jh. n. Chr. die Eklogen (Hirtengedichte).

Er steht noch ganz im Banne des Erlebten. Es fällt ihm noch schwer, die überwältigenden Eindrücke zu ordnen, seiner Begeisterung Herr zu werden, aber es sprudelt nur so aus ihm heraus, was er da in der prunkvollen Großstadt erlebt hat: Der Hirte Korydon ist nach einem Aufenthalt in Rom in seine ländliche Idylle zurückgekehrt – aber sie will ihm gar nicht mehr als Idylle erscheinen. Dem Hinweis seines Kollegen Lykotas auf die „schönen, alten Buchen" setzt er trotzig-aggressiv die *nova spectacula*, die „neuartigen", „unerhörten" Schauspiele, als städtisches Kontrastprogramm entgegen – ein „träger Holzklotz", wer das nicht dem langweiligen Landleben vorziehe!

Calp. Sic. VII, 4 ff. Ed. Korzeniewski 1976.

M3 Römische Berufe

aromatoriores	Gewürzhändler
centonarii	Hersteller von Feuerlöschdecken
geruli	Träger
eborarii	Elfenbeinschnitzer
pistores siliginarii	Weizenmehlbäcker
suarii	Schweine(fleisch-)händler
quactiliarii	Filzarbeiter

M4 Trageweise der Männer- und Frauenkleidung

Connolly, Peter/Dodge, Hazel, The Ancient City. Life in Classical Athens and Rome. Oxford 1998, 156 f.

 Kleidung

Die Römer werden von Jupiter selbst als „Volk in der Toga" bezeichnet (Verg. Aen. I 278 ff.). Die aus dicker, weißer Wolle gearbeitete Toga war das Kennzeichen des römischen Bürgerrechts. Verbannte verloren das Anrecht, die Toga zu tragen. Jungen trugen bis zum Alter von 15 bis 17 Jahren die mit einem Purpurstreifen gesäumte *toga praetexta*. Mit dem Erwachsenwerden legten sie die weiße *toga virilis* an. Frauen trugen die *Tunica*, ein aus zwei Teilen zusammengenähtes, meist weißes Woll- oder Leinenhemd. Oft wurde die Tunica mit der *palla*, einer Art Mantel, getragen. Die Entsprechung für Männer war das *pallium*. Der Mantel reichte bis zu den Knöcheln und konnte, je nach Bedarf, den ganzen Körper bedecken. Bei schlechter Witterung wurde die *paenula*, ein Kapuzengewand ohne Ärmel, getragen.

Verfassertext.

 Ernährung

Brot und Wein waren die Grundnahrungsmittel des römischen Volkes. Unter Kaiser Aurelian wurde 270 n. Chr. die kostenlose Getreidevergabe in die Verteilung von Brot umgewandelt. Getreide wurde zum Brotbacken und zur Herstellung des Getreidebreis *(puls)* genutzt. Die erste öffentliche Bäckerei in Rom ist seit dem 2. Jh. v. Chr. belegt. Im griechisch-römischen Raum waren 78 Brotsorten bekannt: Das aus fein gemahlenem Mehl hergestellte Luxusbrot *(panis candidus)*, die mittlere Qualität *(panis secundarius)* aus gröberem Mehl sowie das dunkle Brot des einfachen Volkes *(panis plebeius* oder *rusticus)*. Dieses Brot aßen auch die Legionäre, die sich ihr Brot selbst bucken. Letztere Sorte war von sprichwörtlicher Härte, da das schlechtere Mehl nicht soviel Wasser aufnahm. Größe und Form der Brote waren unterschiedlich. Brot wurde mit Käse als Frühstück *(ientaculum)* verzehrt. Dazu wurden Wasser, Milch und Wein getrunken.

Verfassertext.

 Feuerwehr

Im kaiserzeitlichen Rom gab es trotz vieler Brände nur private Löschtrupps. Einflussreiche Personen setzten eigene Sklaven als Löschtruppen ein und gewannen durch die kostenlose Brandbekämpfung beachtliche Beliebtheit. Als Reaktion darauf richtete Kaiser Augustus 22 v. Chr. eine Feuerwehr von 500 Sklaven ein, die den Ädilen (Beamten) unterstellt waren. 6 n. Chr. wurde die Feuerwehr – *Vigiles* – Wachen – nach einem schweren Brand auf 7000 Mann aufgestockt. Durch nächtliche Patrouillen wurde präventiv gearbeitet, zum Einsatz kamen Eimer, Spritzen, essiggetränkte Matten zum Ersticken des Feuers, Äxte und Brecheisen, um in brennende Häuser zu gelangen. Im Brandfall organisierte die Feuerwehr eine Eimerstafette zum nächstgelegenen Brunnen und bediente auch die Wasserpumpen *(siphonarii)*.

Verfassertext.

 Fehlalarm

Der Senator Petron lebte von ca. 14 bis 66 n. Chr. und war Autor des Romans Satyricon.

Die Hornisten bliesen [gemeinsam mit] einer Lautstärke wie bei Todesfällen. Vor allem ein Sklave des Beerdigungsunternehmers [machte mit seinem Instrument einen solchen Radau ...], dass er die ganze Nachbarschaft aufschreckte. So glaubten die Feuerwehrleute, die den Nachbarbezirk zu bewachen hatten, Trimalchios Haus stünde in Flammen, brachen unversehens die Haustür auf und begannen kraft Amtsbefugnis alles mit Wasser und Beilen in Aufruhr zu versetzen.

Petron, Cena Trimalchionis 78, 6 f. Ed. Müller 2003.

M9 Das nächtliche Rom

Iuvenal war ein römischer Dichter des 1./2. Jh. n. Chr. Er verfasste 16 Satiren, die saturae.

Doch noch andere gibt es und verschiedene Gefahren zur Nachtzeit: Was für ein Raum zu den Dächern hinauf, von wo Deinen Schädel trifft ein Ziegel, sooft die geborstenen Stücke von Töpfen fliegen zum Fenster heraus, mit einer Wucht, um getroffenem Pflaster Male zu geben und es selbst zu sprengen. Man hält dich für weltfremd und ohne Vorsorg' für den plötzlichen Zufall, wenn ohne letzten Willen abends zum Mahle du gehst; es drohen dir der Tode soviel, als, kommst du vorbei, sich öffnen in der Nacht wachsende Fenster. Bete darum und heg' den bescheidenen Wunsch nur im Herzen, dass sie zufrieden sind, herab nur den vollen Nachttopf zu schütten.

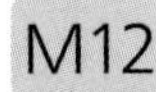

Iuvenal, Satiren, III 268 ff. Ed. Adamietz 1993.

M10 Römische Latrine und Schwammstock

Connolly, Peter/Dodge, Hazel, The Ancient City. Life in Classical Athens and Rome. Oxford 1998, 149.

M11 Wohnen in Rom

M12 Römisches Kochgerät aus Pompeji

Connolly, Peter/Dodge, Hazel, The Ancient City. Life in Classical Athens and Rome. Oxford 1998, 135 (links), 148 (rechts).

1. Erläutere die Bauten Roms und ihre Entstehungszeit (M1). Recherchiere hierzu im Internet unter „Rom" auf Wikipedia.
2. Stelle anhand von M2 die Vorzüge des Landlebens und die Annehmlichkeiten des Lebens in der Stadt gegenüber.
3. Erkläre die verschiedenen römischen Berufe und überlege, ob es heute noch ähnliche Berufe gibt (M3).
4. Finde mittels M4 und M5 heraus, wie sich die Römer kleideten, und stelle die Kleidung nach.
5. Erkläre anhand von M1, M7 und M8, warum eine Feuerwehr in einer Stadt wie Rom so bedeutsam war.
6. Versetze dich in einen Besucher des Gastmahls bei Trimalchio und schildere den Vorfall aus deiner Sicht, benutze hierzu M6 und M8. Erläutere auch die Problematik, die ein Fehlalarm mit sich bringen kann.
7. Erkläre anhand vom M9 bis M11 das Wohnen in römischer Zeit.
8. Erläutere, warum Iuvenal das nächtliche Rom für gefährlich hält (M9).
9. Erkläre anhand von M10, wie die Römer ihre Toilettenanlagen betrieben.
10. Vergleiche das römische Kochgerät mit dem eines modernen Haushalts (M12).

M13 Malerei vom Grabmal des Trebius Iustus

M14 Handwerksgerät aus Pompeji

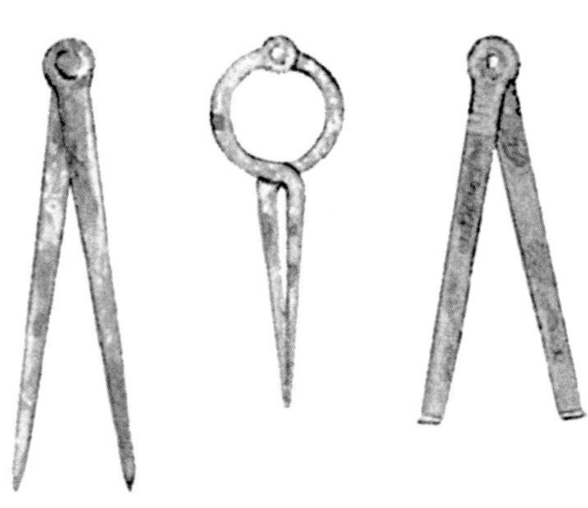

Connolly, Peter/Dodge, Hazel, Die antike Stadt. Das Leben in Athen und Rom. Oxford 1998, 139f.

M15 Wohnen in Rom

Wir wohnen in einer Stadt, die zum großen Teil auf schwachen Stützbalken ruht, denn so hemmt der Hausverwalter den Zusammenbruch, und wenn er alte, klaffende Risse ausgebessert hat, heißt er uns ruhig schlafen, während beständig Einsturz droht. Dort sollte man wohnen, wo es keine Brände gibt, wo man sich nachts nicht fürchten muss. Schon ruft (der Nachbar unten) nach Wasser, schon schleppt er sein bisschen Kram heraus, im dritten Stockwerk qualmt's schon, du aber weißt es nicht. Denn wenn am Fuße der Treppe das Durcheinander beginnt, wird als letzter der Feuer fangen, den nur die Dachziegel vor dem Regen schützen, dort, wo die sanften Tauben ihre Eier legen.

Iuvenal, Satiren III,196. Ed. Adamietz 1993.

1. Erkläre anhand von M13 und M14 das Bauhandwerk in römischer Zeit. Recherchiere, ob es Parallelen zwischen den damals eingesetzten Werkzeugen und modernen Geräten gibt.
2. Prüfe, ob es in deinem Heimat- oder Schulort Reste römischer Bauwerke gibt. Recherchiere dazu auch in der Chronik deines Heimat- oder Schulortes.
3. Erkläre die Probleme, die Iuvenal beim Wohnen in Rom sieht (M15).

M16 Baden und Hygiene

Zwar wusch man sich täglich die Gliedmaßen, aber komplett gebadet wurde nur am Markttag, also an jedem 9. Tag. Nur in wenigen Privathäusern gab es einen Waschraum *(lavatrina)*. Dieser lag direkt neben der Küche. Sonst bestand Gelegenheit zum Baden in Seen und Flüssen. Die Wende zur Badekultur vollzog sich vom 2. zum 1. Jh. v. Chr. Durch die Erfolge der ersten Badehäuser angespornt, investierten immer mehr Unternehmen in Rom in die preisgünstigen „Mietbäder" *(balnea meritoria)*. Kinder durften umsonst baden (Iuv. II,152). Teils gab es getrennte Bäder für Männer und Frauen, teils besuchten die Frauen die Bäder zu anderen Zeiten als die Männer. Im 4. Jh. nach Chr. gab es allein in Rom ca. 1000 Bäder. Zu deren Standard gehörte ein Auskleideraum *(apodyterium)*, das Kaltbad *(frigidarium)*, das Becken mit lauwarmen Wasser *(tepidarium)*, das Heißbad *(caldarium)* sowie in den meisten Fällen Schwitzbäder *(sudatoria)* sowie Gymnastikräume. Der Besuch des Bades wurde zur Körperpflege, dem Massieren, Schminken und Frisieren genutzt. Neben den teils luxuriösen Thermenanlagen siedelten sich rasch Händler, Straßenverkäufer und Essensstände an.

Verfassertext.

M17 Hypokaustenheizung

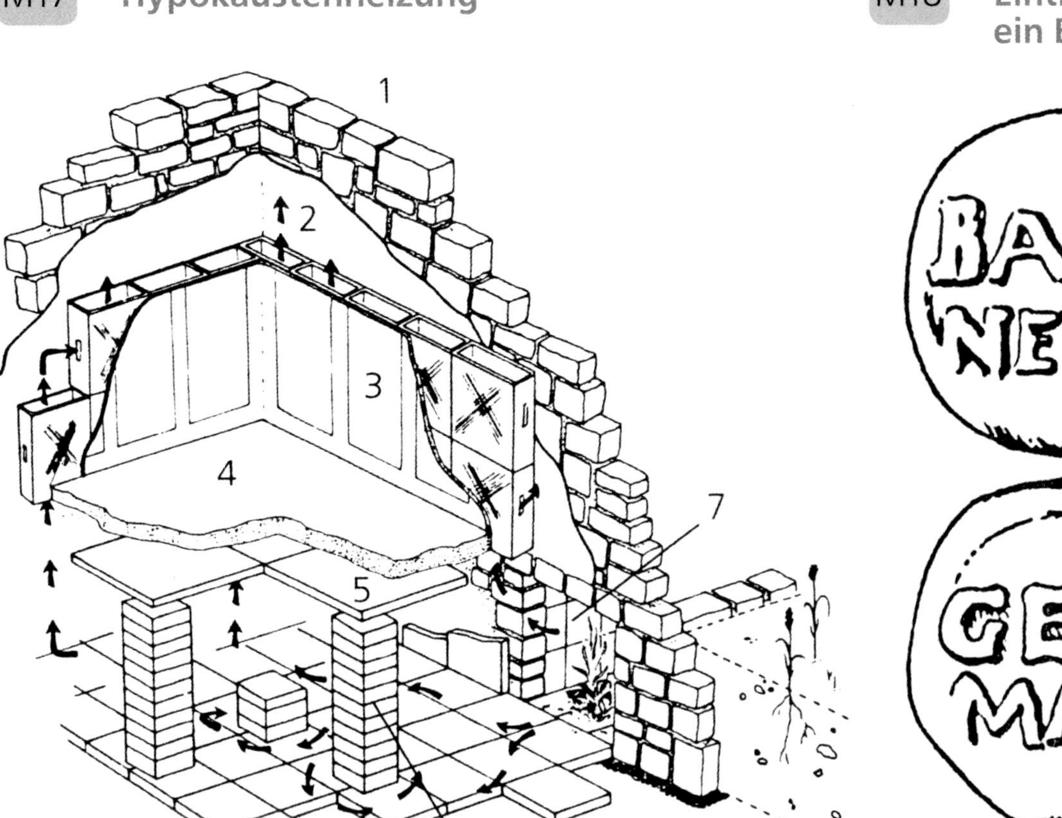

Weeber, Karl Wilhelm, Alltag im Alten Rom. Das Stadtleben. Mannheim 2010, 155.

M18 Eintrittsmarke in ein Bad

Weeber, Karl-Wilhelm, Panem et circenses. Mainz 1994, 101.

Hypokaustheizung: 1 Außenmauer 2 Putzschicht 3 Hohlziegel (tubuli) 4 Estrich 5 Ziegelplatten 6 Ziegelpfeiler 7 Feuerstelle (praefurnium)
Balineum: (lat.) Bad

M19 Wohnvergnügen?

Seneca war ein römischer Dichter und Philosoph, der von ca. 1 bis 65 n. Chr. lebte. Seine Epistulae morales, „Briefe über Ethik" an Lucilius, sind eine Sammlung von 124 Briefen.

Der [...] Lärm umrauscht mich hier von allen Seiten: Ich wohne gerade über dem Bad. Nun stelle dir alle die verschiedenen Töne vor, die einen dazu bringen können, dass man seinen eigenen Ohren grollt! Wenn die Stärkeren sich üben und ihre mit Blei beschwerten Hände schwingen, wenn sie sich abarbeiten [...], so vernehme ich ein Geächze [...]. Wenn es sich fügt, dass [ein Masseur arbeitet], so höre ich das Klatschen der Hand auf den nackten Schultern, was, je nachdem, ob die Hand hohl oder flach auffällt, verschiedene Töne gibt. Kommt nun auch noch ein Ballschläger hinzu und fängt an, seine Schläge zu zählen, so ist kein Bleiben mehr. Denke dir ferner das [...] Geschrei, wenn ein Dieb erwischt wird, den Singsang der Badenden, die sich mit ihrer Stimme gefallen, das [Geplätscher des] Wassers, sooft einer hineinspringt. Außer diesen Tönen [stelle Dir ...] das Ausrufen der Kuchenbäcker, der Wurst- und Leckereienhändler, und all der Krämer und Garköche, die ihre Ware, jeder mit seiner eigentümlich auffallenden Modulation, feilbieten, [vor]. [...] Störender finde ich übrigens die Stimmen Redender als den bloßen Lärm [...]. In den Dingen, die mich, ohne mich zu zerstreuen, umrauschen, rechne ich einen vorüberrollenden Wagen, einen [...] neben dem Haus arbeitenden Schmied oder Zimmermann oder den Mann neben der Brunnensäule, der seine Flöten und Trompeten probiert und grelle Töne, nicht Melodien, von sich gibt. [...] Ich zwinge meinen Geist, nur auf sich gerichtet zu sein und sich nicht von Außendingen abziehen zu lassen.

Seneca, Epistulae morales 56,1 f. Ed. Apelt 2004.

1. Beschreibe anhand von M16 bis M18 Gründe für die Beliebtheit einer römischen Thermenanlage.
2. Erkläre anhand von M17 die Funktionsweise einer römischen Fußbodenheizung.
3. Entwickelt unter Einbeziehung von M18 und M19 eine Spielszene in einem römischen Bad (Gruppenarbeit).
4. Erläutere Senecas Kritik in M19 an den römischen Badeanlagen.

M20 Schule im Alten Rom

In römischer Zeit war der Elementarunterricht üblich, auf dem der Grammatik- und Literaturunterricht zu Hause aufbaute. Rhetoriklehrer übernahmen die Ausbildung dann außer Haus. Die Grundschulzeit zum Erlernen von Lesen, Schreiben und Rechnen dauerte vom 7. bis 12. Lebensjahr und wurde vom *primus magister* übernommen, wohingegen die 12 bis 15-jährigen dann von einem *grammaticus* unterrichtet wurden. Als Lehrer waren vorrangig Sklaven, Freigelassene und Provinziale* tätig. Ihr Ansehen war recht gering, obwohl ihre Arbeit „Verdruss und Mühe" (Plin. Ep. I 8,11) mit sich brachte. Die Schule war meist nur durch einen einfachen Vorhang vom Lärm der Straße getrennt. Der Unterricht bestand im wesentlichen aus dem Auswendiglernen. Statt der teueren Bücher wurde mit Wachstafeln gearbeitet. Schüler unterschiedlichen Alters wurden zusammen unterrichtet. Rechnen wurde anhand von Fingerrechnen oder des Benutzens des Rechenbretts praktiziert. Frauen waren in den Hochschulen meist nur sehr selten präsent. Das Anbrüllen und Prügeln der Schüler mit dem Rohrstock gehörte zur gängigen Pädagogik. Manche Lehrer belohnten gelehrige Schüler durch kleine Geschenke. Sehr angesehen waren die Rhetoriklehrer, für die Kaiser Vespasian (69 bis 79 n. Chr.) in Rom einen Lehrstuhl für lateinische und griechische Rhetorik einrichtete.

Verfassertext.

* Personen aus den römischen Provinzen

M21 Schulszene

Zeichnung von Lothar Monshausen, Bitburg, nach dem Schulrelief im Rheinischen Landesmuseum Trier.

M22 Der Schulmeister

Martial, ein römischer Dichter, lebte von 40 bis 103/104 n. Chr. und ist besonders für seine Epigramme bekannt, die einen guten Einblick in das Alltagsleben im alten Rom bieten.

Du, Schulmeister, verwünschter, was haben wir miteinander, du Person, die zugleich Knaben und Mädchen verhasst (ist)? Noch hat der Hahn, mit dem Kamme geschmückt, nicht die Stille zerrissen, und mit wildem Geschrei, Schlägen auch donnerst du schon. So laut schallt nicht das Erz, das der Schmied auf dem Amboss zurechtklopft [...]. Schwächer tobt das Geschrei in dem mächtigen Amphitheater [...]. Wir als Nachbarn, wir bitten um Schlaf – einen Teil von der Nacht nur, Wachsein ist wohl nicht arg, dauernd zu wachen ist schlimm.

Lass deine Schüler nach Haus! Du Schwätzer, willst du die Summe, die du bekommst für dein Schreien, haben, damit du nur schweigst?

Martial IX 68. Ed. Warmington/Ker 1968, Übersetzung Simone Martini.

1. Erkläre anhand des Materials M20 bis M22 den Unterrichtsverlauf in einer römerzeitlichen Schule.
2. Begründe, welche Vorzüge die moderne Schule gegenüber der römerzeitlichen Schule haben kann.

M23 Das größte Vergnügen der Römer

Brot und Spiele, *panem et circenses*, waren für die Römer höchst bedeutsam (Iuv. X 81). Die Aufführungen in Circusanlagen, Theatern und Arenen galten als Publikumsmagnet mit oft über 100.000 Besuchern. Die Fans schlossen im Voraus Wetten auf die Sieger ab. In Rom gab es einen offiziellen Festkalender für die Bühnenaufführungen, Wagenrennen, Tierhetzen *(venationes)* und Gladiatorenkämpfe. Die Spiele entwickelten sich aus dem Totenkult. Gladiatorenkämpfe dienten ursprünglich dazu, die Seele des Verstorbenen als Ersatz für ein Menschenopfer mit den Lebenden zu versöhnen. Als Politiker erkannten, welche Beliebtheit die *munera* (Spiele) hatten, etablierten sie sich in kurzer Zeit. Sensationslust und das Machtgefühl, Menschen und Tiere zum eigenen Vergnügen um ihr Leben kämpfen zu sehen, begeisterten die Massen. Die Sitzordnung des Kolosseums spiegelte die gesellschaftliche Hierarchie wider – ganz unten befanden sich die Ehrenplätze für die Senatoren, es folgten die Ränge für die Ritter, darüber saß das einfache Volk und ganz oben die Frauen. Den Höhepunkt bildeten die Gladiatorenkämpfe am Nachmittag eines Spieltages. Unterschiedlich bewaffnete Gladiatoren traten in Einzel- oder in Gruppenkämpfen gegeneinander an. Auch Verbrecher wurden durch den Kampf gegen Wildtiere hingerichtet.

Sehr groß war die Begeisterung für Wagenrennen: Im 4. Jh. schreibt Ammian, dass viele glaubten, dass der Staat dem Untergang geweiht sei, wenn beim nächsten Rennen nicht ihr Lieblingsfahrer den Sieg erringen würde; außerdem könnten viele vor einem Rennen vor lauter Aufregung nicht schlafen (Amm. XXVIII, 4, 29-31). Seit der Kaiserzeit gab es die *prasini, veneti, russati* und *albati*, also eine grüne, blaue, rote und eine weiße Partei. Die Parteien konnten von den Leitern der Spiele gemietet werden, gingen aber im 3./4. Jh. n. Chr. zunehmend in staatlichen Besitz über. Die Wagenrennen entwickelten sich aus religiösen Veranstaltungen. Erst in der Spätrepublik entwickelte sich der Circus zu einer geschlossenen Anlage. Die Zuschauerreihen umgaben die Längsseiten und die halbkreisförmige Schmalseite; die gegenüberliegende Schmalseite enthielt die bogenförmig angeordneten Startboxen *(carceres)* für die zwölf Kontrahenten, deren Startplätze vor jedem Rennen öffentlich ausgelost wurden. Pro Farbe starteten zwischen einem und drei Wagen. Beim Wagenrennen mussten die Gespanne siebenmal den Parcours umrunden, wobei die gefahrenen Runden auf der *Spina*, der Mittelbarriere, angezeigt wurden. Auf Höhe der beiden Wendemarken *(metae)* kam es immer wieder zu Unfällen. Todesfälle kamen häufig vor.

Verfassertext.

M24 Gladiatorenkampf

Borghese-Mosaik, Villa bei Tusculum, um 300 n. Chr.

M25 Programm-Ankündigung aus Pompeji

Die Gladiatorenmannschaft des Ädilen A. Suettius Certus wird in Pompeji am 31. Mai kämpfen. Es wird eine Tierhetze und Sonnensegel geben.

Weeber, Karl-Wilhelm, Panem et circenses. Mainz 1994, 7.

M26 Eid der Gladiatoren

Wir schwören ernsthaft, den *lanista** in allem zu gehorchen, Verbrennungen, Einkerkerung, Auspeitschen und selbst den Tod durch das Schwert zu ertragen.

Petron, Satyricon 117. Ed. Müller 2003.

* Trainer der Gladiatoren

1. Erkläre die Darstellung des Gladiatorenkampfes in M24.
2. Finde heraus, welche verschiedenen Gladiatorentypen es gab (www. Wikipedia.de).
3. Nimm Stellung zur Programmankündigung in Pompeji (M25).
4. Bewerte den Eid der Gladiatoren (M26).

M27 Senecas Kritik an den Spielen

Hau, schlag, brenne! Warum stürzt er sich so ängstlich ins Schwert? Warum stirbt er so wenig wacker, so ungern? Mit Peitschen sollen sie dazu getrieben werden, sich Wunden beizubringen und die gegenseitig ausgeteilten Hiebe mit nackter, ungeschützter Brust aufzufangen!

Sen. Ep. 7,4-5. Ed. Apelt 2004.

M28 Fluchtafel aus Hadrumetum (Tunesien)

Fluchtafeln sind für gewöhnlich mit Inschriften versehene, dünne Bleitafeln. In der Antike waren sie eine weit verbreitete Form des Schadenszaubers.

Ich beschwöre dich, Dämon, wer du auch seist [...] und verlange von dir, dass du [...] die Pferde der Grünen und Weißen quälst und tötest und die Wagenlenker Clarus, Felix, Primulus und Romanus tödlich verunglücken lässt, auf dass ihnen kein Lebenshauch mehr bleibe.

Weeber, Karl-Wilhelm, Panem et circenses. Mainz 1994, 48.

1. Erläutere die Einstellung und das Menschenbild des Sprechers in M26 und M27.
2. Erkläre Senecas Vorwürfe gegenüber den Spielen (M27).
3. Stelle Senecas Argumenten die Gründe eines römischen Spielleiters gegenüber, Spiele durchzuführen.
4. Recherchiere, ob es in der Nähe deines Heimatortes eine römische Circusrennbahn oder ein Amphitheater gab.
5. Erkläre anhand von M24 bis M26, warum siegreiche Gladiatoren und Wagenlenker ähnlich gefeiert wurden wie moderne Sportstars.
6. a) Nenne Gründe für den Circusfan in M28, eine solche Fluchtafel herzustellen.
   b) Formuliere als Trainer der Grünen und Weißen zu M28 eine Glückstafel, die den „Fluch" neutralisiert.

Soldat beim römischen Militär

In der Frühzeit des Imperium Romanum bestand eine Legion aus ca. 3.000 freien Bürgern. Sold wurde nicht gezahlt. Die Zuordnung etwa zu Infanterie oder Reiterei erfolgte gemäß dem *Census*, dem Besitz der Bürger. Die besitzlosen *Proletarii* besaßen keine politischen Rechte und mussten daher keinen Wehrdienst leisten. Mit der Ausdehnung des Reichgebiets wurde das Bürgerrecht, welches zuvor den Einwohnern Roms vorbehalten war, auch an die in Italien lebenden Stämme (Latiner, Falisker, Osker, Umbrer und Samniten) vergeben. In dieser Zeit wurden kleine Soldzahlungen *(stipendia)* üblich. Anreiz für den Militärdienst war der gesellschaftliche Aufstieg, Landzuteilungen und die ehrenvollen Entlassung nach 25 Jahren Dienstzeit; für Nichtrömer kam die Aussicht auf das Bürgerrecht hinzu. Marius (158/57 bis 86 v. Chr.) wandelte das Bürgerheer in eine Söldnerarmee um. Der Census als Grundlage der Rekrutierung wurde aufgegeben. Durch den freiwilligen Wehrdienst gab es neue Arbeitsmöglichkeiten. Der Staat stellte nun die Ausrüstung, die zuvor mitgebracht werden musste, bereit. Die Legionäre mussten ihre ca. 30 kg schwere Ausrüstung selbst tragen, ein Zeichen für die hohe Disziplin der römischen Armee (sie wurden deshalb als *Muli Mariani*, Maultiere des Marius, bezeichnet). Augustus (27 v. bis 14 n. Chr.) führte eine große Heeresreform durch: Er schuf die Praetorianerkohorten zur Sicherung Roms, als Polizei und Feuerwehr. Der Großteil des Heeres war in den Provinzen stationiert. Die 28 Legionen besaßen jeweils 5.000 Mann. Die Bundesgenossen dienten in den Hilfstruppen (lat. *auxilium*, Pl. *auxilia*). Durch die Armee sollten potentielle Gegner abgeschreckt und die Bevölkerung in den Provinzen kontrolliert werden. Der Sold wurde nun regelmäßig vom Staat gezahlt, die Ausrüstung mit Tunica, *feminalia*, Dreiviertelhosen, sowie den *Caligae*, mit Eisennägeln beschlagenen Ledersandalen, vereinheitlicht. Im 1. Jh. n. Chr. betrug die Einwohnerzahl des Imperium Romanum 50 bis 60 Mio. Menschen; das Heer bestand aus 300.000 Mann. Dies war eine der größten Berufsarmeen aller Zeiten, deren Stärke, gemessen an der Bevölkerung und der Ausdehnung des Reiches sowie der Länge der gesicherten Grenzen *(limes)*, der Trennlinie zur Welt der „Barbaren", knapp bemessen war. Durch die Krise des 3. Jh. n. Chr. war abermals eine Heeresreform nötig: Spezielle Truppen sicherten nun die Grenzen *(limitanei)*, während mobile Einheiten *(comitatenses)* als schnelle Eingreiftruppen eingesetzt werden konnten. Das Durchschnittsalter in den Truppen betrug 20 Jahre; etwa drei von fünf Soldaten erlebten das Ende ihrer Dienstzeit, das mit durchschnittlich 28 Jahren erfolgte. Voraussetzungen zur Musterung als tauglich für den Wehrdienst *(probatus)* war eine Größe von 1,76 m (Vegetius, Epitoma rei militaris 1,5), Ledigkeit und freie Geburt. Verbrecher waren ausgeschlossen. Die Grundausbildung dauerte vier Monate; danach erhielt der erfolgreiche Rekrut *(signatus)* seine Bleimarke *(signaculum)* und musste den Fahneneid *(sacramentum)* ablegen. Der tägliche Dienst bestand aus Waffendrill, Konditionstraining, Wachdienst, Reinigungsarbeiten, Instandsetzungsarbeiten an Waffen, Gerät, Bauwerken, wirtschaftlichen Arbeiten und Schreibertätigkeiten. Zwar durften die Soldaten im Dienst bis zum späten 2. Jh. n. Chr. nicht heiraten, doch bildeten sich rasch nichteheliche Verhältnisse im militärischen Umfeld mit Frauen, die dem Heerestross folgten sowie Einheimischen im Umfeld der Militärlager. Die Soldatenfamilien wurden zur wichtigsten Keimzelle der Romanisierung in den Provinzen. Die Verpflegung unterschied sich in Friedens- und Kriegszeiten. Archäologischen Funden zufolge war die Verpflegung hervorragend – bei Meutereien gab es niemals Klagen über schlechtes Essen. Der Speiseplan bestand aus viel Rindfleisch, aber auch Schaf, Schwein, Ziege und Wild, Gemüse, Obst und Nüssen, Zwieback, Speck, Käse und römischem Kommissbrot (Vollkornbrot). Die Tagesration des Soldaten bestand außerdem aus 850 g Getreide, meist Emmer, zur Zubereitung des Getreidebreis *(puls)* sowie *posca*, einem gewässerten Wein. Hochrechnungen zufolge verzehrte eine Legion im Jahr 2.100 Tonnen Getreide. Der Tagesbedarf einer 25.000 Mann starken Armee ohne Tierfutter betrug 23 Tonnen Getreide.

M1 Römisches Marschlager

Connolly, Peter, Tiberius Claudius Maximus. The Legionary, Oxford 1989, 21 (bearbeitet).

M2 Römische Reiter im Kampf gegen die Daker

Connolly, Peter, The cavalryman. Oxford 1997, 10f. (bearbeitet).

M3 Der Heereszug der Römer zur Zeit der „Varusschlacht" 9 n. Chr.

Cassius Dio, 163 bis 229 n. Chr., war ein römischer Geschichtsschreiber und verfasste eine „Römische Geschichte" in 80 Büchern.

[Die Römer] führten zahlreiche Wagen und viele Lasttiere – wie in Friedenszeiten – mit sich, außerdem folgten nicht wenige Frauen und Kinder sowie ein großes Gefolge von Sklaven ihnen – ein Grund mehr für das Vorankommen in zerstreuten Gruppen. Dann kam ein starker Wind mit Regen auf und verteilte sie noch weiter, während der Boden, der rund um die Wurzeln und Baumstämme glatt geworden war, das Vorankommen für sie noch beschwerlicher machte, und [Bäume stürzten um], was eine große Verwirrung auslöste. Während die Römer sich in solchen Schwierigkeiten befanden, umzingelten die Barbaren sie plötzlich von allen Seiten und kamen durch das dichteste Gestrüpp, weil sie mit allen Pfaden vertraut waren. Zuerst schossen sie eine Salve Pfeile aus einer Distanz, dann, als keiner sich verteidigte und viele bereits verwundet waren, kamen sie näher heran. Da die Römer nicht in einer geregelten Marschordnung voranschritten, sondern sich in einem wirren Gemisch mit den Wagen und den Unbewaffneten befanden, und, da es unmöglich war, sich zu einem Truppenkörper zu formen und [die Angreifer in der Überzahl waren], konnten sie [kaum] Widerstand leisten und mussten Schlimmes erleiden.

Cassius Dio 56,20,2-5. Ed. Tafel 2012.

M4 Belagerung eines römischen Wachturms

[Die Barbaren zogen sich] in eine erhebliche Distanz zurück, um nicht bei plötzlichen Ausfällen eines Teils der Besatzung verletzt zu werden, und beobachtete[n] dann die Straßen, in der Hoffnung, die Besatzung durch ein Scheitern ihrer Versorgungstrupps zu fassen. Solange die Römer im Inneren genug zu essen hatten, blieben sie, wo sie waren, der Hilfe harrend. Aber als niemand ihnen zur Unterstützung eilte und sie vom Hunger geplagt wurden, warteten sie nur noch auf eine stürmische Nacht, um sich fortzustehlen. Nun gab es nur noch wenige Soldaten, aber viele Unbewaffnete. Sie waren erfolgreich damit, den ersten und zweiten Außenposten des Feindes zu umgehen, aber als sie den dritten erreichten, wurden sie entdeckt und die Frauen und Kinder riefen den Kriegern, ausgelöst durch Übermüdung und Furcht (...), zurückzukommen. Und sie würden alle zugrunde gegangen sein (...), wären die Barbaren nicht völlig mit der Plünderung [der von den Römern mitgeführten Habseligkeiten] beschäftigt gewesen. Dies bot den Kühnsten die Gelegenheit, sich zu entfernen [und den Feind zu überlisten]. Deshalb beendete der Feind die Verfolgung (...). Einige der [römischen] Gefangenen wurden später gegen Lösegeldzahlungen ihrer Verwandten freigelassen und kehrten aus der Gefangenschaft zurück ...

Cassius Dio 22,2-4. Ed. Tafel 2012.

1. Erkläre anhand von M1, welche Ausrüstungsgegenstände römische Soldaten mit sich führen.
2. Konstruiere eine Geschichte: Du bist der Reiter in der Bildmitte und kämpfst gegen den Stamm der Daker, die im Gebiet des heutigen Rumänien siedelten (M2).
3. Erkläre anhand der Quellen M3 und M4, welche Vor- und Nachteile sich dadurch ergeben können, dass Frauen und Kinder sich bei den Soldaten aufhalten.
4. Erläutere die Animation zur Ausdehnung des Römischen Reiches insbesondere von seinen Anfängen bis in die Kaiserzeit (in der Animation 509 v. Chr. bis 395 n. Chr.) unter https://commons.wikimedia.org/wiki/File:Roman_Republic_Empire_map.gif. Berücksichtige dabei die Bedeutung des Militärs.

Wie arbeiten eigentlich Archäologen?

Archäologie (griech. *archaios* „alt" und *logos*, „die Lehre") ist die „Lehre von den alten Dingen", eine Wissenschaft, die die kulturelle Entwicklung des Menschen anhand der archäologischen Funde (z. B. Werkzeuge, Waffen, Kunstgegenstände) und Befunde (z. B. Gebäude) erforscht. Heute gibt es verschiedene Spielarten der Archäologie: So beschäftigt sich die Ägyptologie mit dem Alten Ägypten, während die Klassische Archäologie sich mit dem antiken Erbe der Griechen und Römer im Mittelmeerraum auseinandersetzt. Die Provinzialrömische Archäologie beschäftigt sich mit den Provinzen, die dem Römischen Reich einverleibt wurden. Die Archäologie beinhaltet einerseits die Recherche in Bibliotheken und Archiven, andererseits das Auswerten des bereits gefundenen Materials sowie der archäologischen Feldarbeit. Untersuchungsgegenstand sind Statuen, Malereien, Schmuck, Waffen, Mosaike, Bronzen, Vasen sowie Gebäude wie Wohnhäuser, Villen, Spielstätten und Heiligtümer. Da die Hinterlassenschaften einer Interpretation bedürfen, ist es wichtig, die Quellen heranzuziehen, die die griechischen und römischen Schriftsteller verfassten. Allerdings sind viele antike Quellen – ebenso wie ein Großteil der antiken Hinterlassenschaften – im Laufe der Jahrtausende verloren gegangen oder wurden zerstört, so dass auch die Wissenschaft der Archäologie viele Fragen (noch) unbeantwortet lassen muss.

Als sehr hilfreich erweist sich die Luftbildarchäologie, die anhand der Römerstraßen vorgestellt werden soll. Römerstraßen wurden zur Eroberung, Kontrolle und Sicherung neuer Gebiete angelegt, darüber hinaus dienten sie dem Handel und der Kommunikation. Während die Straßen aus vorgeschichtlicher Zeit nur schwer nachzuweisen sind, da sie nicht eigens befestigt wurden, fällt dies bei den Römerstraßen aufgrund ihrer stabilen Bauweise, die die Jahrtausende überdauern konnte, wesentlich einfacher: Zuerst wurde die Strecke im Gelände markiert, dann wurden Bäume und Sträucher gerodet und die Erde bis auf den gewachsenen Boden ausgekoffert (auskoffern = flächenartiger Aushub des Bodens). Dann wurde zunächst eine Schicht großer, grober Steine als Fundament genommen. Darüber kamen dann, je nach Gegend und Bedeutung der Strecke für den antiken Verkehr – eine oder mehrere Schichten aus nach oben hin immer kleineren Steinen. Die Deckschicht wurde festgewalzt, wobei die Bindung mit Lehm, Mörtel oder Kalk erfolgte. Die Römerstraße besaß eine gewölbte Form, die antike Schriftsteller als „Schweinerückenform" bezeichnen. In seitlich der Straße angelegte Gräben floß das Regen- oder Tauwasser ab. Diese Bauweise zeichnet sich heute noch im Gelände ab: So ist der Bewuchs über den Steinschichten relativ dünn und karg, wohingegen Pflanzen im Bereich der Gräben, in denen sich über Jahrtausende hinweg feuchtes Material anlagern konnte, üppig gedeiht. Mittels Luftbildern, die z. B. per Drohne, Helikopter oder gar Flugzeug angefertigt werden, können die Archäologen anhand der Bauweise und der sog. „Bewuchsmerkmale" nachweisen, wo sich der Abschnitt einer Römerstraße befindet. Diese Methode wurde von dem britischen Piloten Osbert Crawford, der nach dem Ersten Weltkrieg vom Flugzeug aus archäologische Fundstätten photographierte, entwickelt. Diese Methode ist kostengünstig und sehr effizient, da große Flächen archäologisch prospektiert (=erkundet) werden können. Von dem photographierten Streckenabschnitt ausgehend, kann dann der weitere Verlauf der Trasse vom Boden aus durch den Survey (engl. „Begehung") erforscht und mittels Photographie, GPS (engl. Global Positioning System, globales Positionsbestimmungssystem) und Vermessung von Höhe und Breite des Straßendamms dokumentiert werden. Manche Straßendämme waren bis 3 m hoch und 9 m breit. Die Erforschung der Römerstraßen ist sehr wichtig, da sie einen Einblick in die Leistungsfähigkeit im Imperium Romanum geben, zum anderen, weil Straßen aufgrund ihrer Eigenschaft, sich durch die Landschaft zu ziehen und eben nicht auf einen Punkt beschränkt zu sein, besonders stark gefährdete Bodendenkmäler sind, die es wenigsten punktuell für nachfolgende Generationen zu bewahren gilt. An den Römerstraßen waren Meilensteine, die „antiken Verkehrszeichen", aufgestellt – sie gaben die Entfernung bis zum nächsten bedeutenden Ort an. Im Abstand von stets ca. 37 km gab es große Raststationen (lat. *mansio*), an denen im Zuge des von Kaiser Augustus (27 v. bis 14 n. Chr.) eingerichteten Cursus publicus (lat., staatlicher Nachrichtendienst) die Reit- oder Wagenpferde gewechselt werden konnten. Allerdings benötigte man für die Nutzung dieses Privilegs eine Bescheinigung des Kaisers oder man musste Angehöriger der Oberschicht sein. Entsprechend länger – und aufgrund von Räuberbanden auch gefährlicher – war die Reisezeit. Im 2. Jh. n. Chr. umfasste das Straßennetz des Imperium Romanum ca. 80. bis 100.000 km, also 54.000 bis 67.500 römische Meilen (eine römische Meile = 1,48 km). Der Ausbau erfolgte seit dem 5. Jh. v. Chr. mit der römischen Expansion von Süditalien ausgehend. Mit dem Ausbau der Straßen gelangten exotische Handelsgüter in das Imperium Romanum – Seide aus Indien, Elfenbein aus Afrika, Zinn aus Britannien. Die Länge der Strecken in Gallien, zu dem die modernen Länder Deutschland, Frankreich und Belgien gehören, betrug rund 13.000 Meilen oder 21.000 km. Zu den Straßenbauten gehören auch „Kunstbauten" wie Tunnelanlagen und Brücken, die beredtes Zeugnis der antiken Ingenieurskunst ablegen.

M1 Bewuchsmerkmale

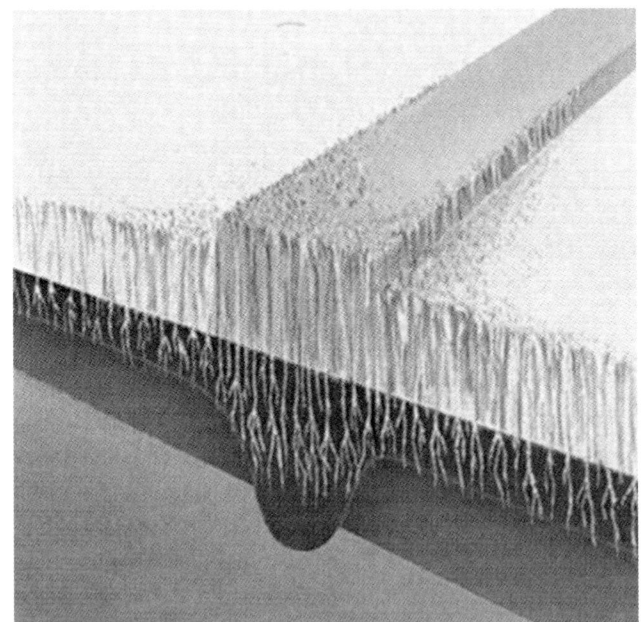

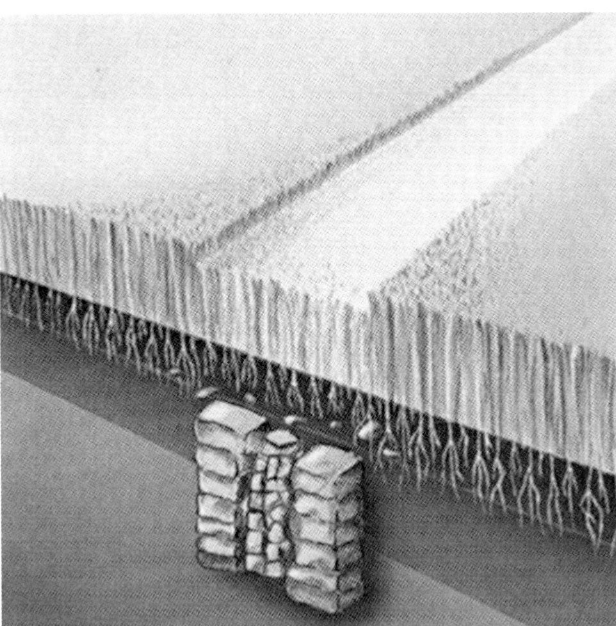

von Freeden, Uta/von Schnurbein, Siegmar(Hg.), Spuren der Jahrtausende. Archäologie und Geschichte in Deutschland. Stuttgart 2002, 45 (bearbeitet).

M2 Römerstraße

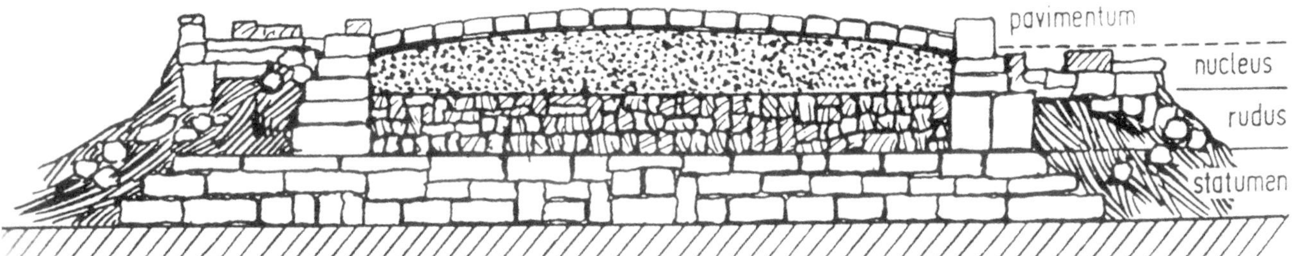

Heinz, Werner, Reisewege der Antike. Stuttgart 2003, 43 (bearbeitet).

1. Beschreibe den Aufbau einer Römerstraße. Ziehe dazu den Text „Wie arbeiten eigentlich Archäologen?" sowie M1 und M2 heran.
2. Ermittle im Internet den Aufbau einer modernen Straße (z. B. https://de.wikipedia.org/wiki/Straßen-_und_Wegebau).
3. Vergleiche den Aufbau von Römerstraßen und modernen Straßen.
4. Finde heraus, ob es in Deinem Heimat- oder Schulstandort Römerstraßen gibt.
5. Erläutere den Aufbau der steinernen Römerbrücke in Trier (Internetrecherche, z. B. https://de.wikipedia.org/Römer brücke_(Trier) oder http://www.zentrum-der-antike.de/monumente/weitere-monumente/roemerbruecke.html).

Leistungsüberprüfung „Römisches Alltagsleben" für die Jahrgangsstufe 10/11

M1 Schreiben der Pachtbauern der Burunitanischen Domäne (Nordafrika) an den Kaiser Commodus im Jahre 181 n. Chr.

(Du erkennst seine Pflichtverletzung), die er nicht nur mit unserem Gegner Allius Maximus, sondern mit fast allen Großpächtern gegen göttliches Recht und zum Schaden für Deine Kasse [...] begangen hat, dass er [...] den Machenschaften dieses Allius Maximus, seines Busenfreundes, am Ende sogar soweit entgegengekommen ist, dass er Soldaten auf die Burunitanische Domäne schickte, die einen von uns festnehmen und misshandeln, andere ins Gefängnis werfen und einige, römische Bürger sogar! mit Ruten und Stöcken schlagen ließ – offensichtlich nur wegen unseres einzigen Vergehens, dass wir es trotz unseres niedrigen Ranges angesichts einer so schweren und offenkundigen Pflichtverletzung gewagt hätten, Deine Hoheit anzuflehen [...] und wir bitten Dich deshalb, heiligster Kaiser: Komm uns zu Hilfe! [...] es soll den Verwaltern der Domäne und erst recht den Großpächtern das Recht entzogen sein, zu Lasten der Pachtbauern den Anteil an Naturalabgaben oder die Zahl der abzuleistenden Arbeits- und Gespanndienste zu erhöhen. Wie es im [Gesetz und im] Schreiben der Domänenverwaltung [...] festgelegt ist, müssen wir nicht mehr als zwei Pflüge-, zwei Jät- und zwei Erntearbeiten pro Jahr leisten. Das ist völlig unstrittig [...] und von allen unseren Nachbarn ringsum in der bis auf den heutigen Tag gültigen Ordnung anerkannt [...]. Komm uns zu Hilfe, und da wir schwachen Bauersleute, die wir unseren Lebensunterhalt mit unserer Hände Arbeit bestreiten, es mit dem wegen seiner großzügigen Geschenke überaus beliebten Großpächter bei Deinen Domänenverwaltern nicht aufnehmen können [...]: Habe Erbarmen mit uns und geruhe durch Dein heiliges Reskript (= Antwortschreiben) anzuordnen, dass wir nicht mehr leisten müssen als aufgrund des [...] Gesetzes und des Schreibens Deiner Domänenverwaltung, d. h. dreimal zwei Tagewerke, damit wir, Deine Bauern, die wir als kleine Sklaven auf Deinen Gütern geboren und aufgezogen worden sind, durch die Gunst Deiner Hoheit nicht länger von den Großpächtern der kaiserlichen Ländereien behelligt werden.

CIL VIII 10570 (das CIL – *Corpus Inscriptionum Latinarum* – ist eine umfassende Sammlung antiker lateinischer Inschriften und bildet eine unverzichtbare Quelle für das Leben im Römischen Reich).

1. Nenne den Grund des Schreibens an Kaiser Commodus.
2. Nenne mögliche Gründe für das Verhalten der Großpächter und Domänenverwalter.
3. Erkläre die Situation der Bauern. Berücksichtige dabei auch ihren Stand und ihr Verhalten gegenüber dem Adressaten des Schreibens.
4. Formuliere ein Antwortschreiben des Kaisers.

Lösungsvorschlag

1. Folgende Vorwürfe äußern die Bauern: Es sei wiederholt zu Pflichtverletzungen der Großpächter gekommen, wobei gegen göttliches Recht verstoßen wurde und es zum finanziellen Schaden des Kaisers (Z. 1-3) gekommen sei. Auch wurde die Gesetzgebung (Z. 13) missachtet, indem es zur Misshandlung und Festnahme der Bauern, darunter sogar römischer Bürger, durch Soldaten (Z. 5-7) kam. Vorgeworfen wird den Großpächtern, eigenmächtig den Anteil an Naturalabgaben und die Zahl abzuleistender Arbeits- und Gespanndienste erhöht zu haben (Z. 12-13). Letztlich würde die harte Arbeit der Bauern nicht anerkannt, ihre Schwäche jedoch ausgenutzt (Z. 17-18) trotz des Bestrebens, in Loyalität zur Obrigkeit die Arbeitsleistungen zu erbringen (Z. 15).

2. Gründe für das Vorgehen der Großpächter könnten der Wunsch nach persönlicher Bereicherung (Z. 13), Demonstration von Macht durch die Aussendung von Soldaten (Z. 5), Hilfe für Gleichgesinnte wie Allius Maximus (Z. 4) sowie die Gleichgültigkeit gegenüber kaiserlichen Vorgaben sein.

3. Die Bauern berufen sich darauf, als Sklaven auf den kaiserlichen Gütern geboren und aufgewachsen zu sein (Z. 24) und somit in unverbrüchlicher Treue zum Kaiser zu stehen. Deshalb bitten sie den Kaiser demütig um Hilfe und weisen auch darauf hin, dass ihnen dieses Hilfegesuch aufgrund ihres niedrigen Ranges eigentlich nicht zustünde, ihre Situation aber mittlerweile so belastend sei und auch durch Korruption verschlimmert würde (Z. 19), dass es bereits zu körperlichen Beeinträchtigungen gekommen sei, die letztlich auch den kaiserlichen Einnahmen schaden. Angeprangert wird der Verstoß gegen geltendes menschliches und göttliches Recht sowie der Umgang mit bzw. die Misshandlung von römischen Bürgern (Z. 6-7), die sich ja eigentlich auf die römische Gesetzgebung beziehen können. Die Bauern legen besonderen Wert darauf, dass sie die kaiserlichen Gesetze anerkennen und strikt einhalten, bitten aber im Umkehrschluss darum, dass auch alle anderen sich an diese Vorgaben halten.

4. Salve, Pachtbauern! Trotz eures Standes habt ihr euch an die Gerechtigkeit und Gnade meiner göttlichen Autorität gewandt und euch über die Machenschaften der Großpächter und Domänenverwalter, die eigenmächtig die Abgaben und die Zahl zu verrichtender Dienste erhöhen, beschwert. Ich, Kaiser Commodus, als Bewahrer des römischen Rechts, verfüge hiermit, dass in Zukunft kein römischer Bürger und kein zu meinen Domänen gehörender Bauer, auch keine Sklaven, die sich in meinem Besitz befinden, entgegen der kaiserlichen Vorgaben, bei denen es sich um göttliches Recht handelt, behandelt werden dürfen. Zuwiderhandlungen werden mit körperlicher Züchtigung, im Wiederholungsfall mit der Todesstrafe geahndet. Zur Kontrolle der Einhaltung der festgelegten Mengen an Naturalabgaben und Arbeitsleistungen werde ich nun regelmäßig meine Boten aussenden, die mir schriftlichen Bericht erstatten, so dass sichergestellt ist, dass das römische Recht über allem anderen steht. Das Vermögen der Großpächter und Domänenverwalter wird überprüft und widerrechtlich erworbene Gelder den geschädigten staatlichen Finanzen zugeführt. Kaiser Commodus
   Tatsächliches Reskript des Kaisers Commodus: Imperator Caesar Marcus Aurelius Commodus Antoninus Augustus Sarmaticus Germanicus Maximus an Lurius Lucullus und alle anderen Betroffenen: Die Domänenverwaltung wird in Anbetracht der althergebrachten Gewohnheit und gemäß meiner Anordnung dafür sorgen, dass nichts entgegen der stets gültigen Ordnung unrechtmäßig von euch verlangt wird. (180 bis 192 n. Chr., CIL VIII 10570)

Literatur und Quellen

Quellen (in Auswahl)

Apollinaris Sidonius. Die Briefe. Eingeleitet, übersetzt und erläutert von Helga Köhler. Bibliothek der Mittellateinischen Literatur 11. Stuttgart 2014.
Appendix Vergiliana. Hrsg. von Wendell Vernon Clausen u. a. 5. Auflage. Oxford 1987.
Calpurnius Siculus – Hirtengedichte aus neronischer Zeit. Titus Calpurnius Siculus und die Einsiedler-Gedichte. Lateinisch-Deutsch. Hrsg. von Dietmar Korzeniewski. Darmstadt 1976.
Cassius Dio, Römische Geschichte. Übers. Leonhard Tafel, bearbeitet von Lenelotte Möller. Wiesbaden 2012.
Cato, De agricultura. Des Marcus Cato Belehrung über die Landwirtschaft. Lateinisch-Deutsch. Hg. von Paul Thielscher. Berlin 1963.
Cato maior, De senectute – Cato der Ältere über das Alter, Lateinisch-Deutsch. Hrsg. und übersetzt von Harald Merklin. Stuttgart 2011.
Cicero, De oratore libri tres. Bd. I–V, Hg. von Anton D. Leeman. Heidelberg 1981-2003.
CIL = Corpus Inscriptionum Latinarum. Academiae Litterariae Regiae Borussicae editum. Berlin 1862 ff.
Columella, De re rustica – Über Landwirtschaft. Ein Lehr- und Handbuch der gesamten Acker- und Viehwirtschaft aus dem 1. Jh. u. Z. Hg. von Karl Ahrens. Schriften zur Geschichte und Kultur der Antike Bd. 4. Berlin 1972.
Corpus inscriptionum latinarum (CIL). Consilio et auctoritate Academiae Litterarum Regiae Borussicae editum. Berlin 1862 ff.
Johannes Chrysostomus – Die Homilien des heiligen Johannes Chrysostomus über das Evangelium des heiligen Johannes. Hrsg. von Franz Knors. Paderborn 1862.
Iuvenal, Satiren. Lat.-Dt. Hg. von Jürgen Adamietz. München 1993.
Martial, Epigrammata. Martial, Epigrams. Lateinisch-Englisch. Hg. von Eric H. Warmington/Walter C. A. Ker. London 1968.
Ovid, Die Fasten. Hg. von Franz Bömer 2 Bde. Heidelberg 1957-1958.
Petron, Satyricon. Petronii Arbitri Satyricon Reliquiae. Hg. von Konrad Müller. Erweiterte und korrigierte Ausgabe der 4. Auflage von 1995. München/Leipzig 2003.
Plinius, Epistulae – Briefe. Lateinisch-Deutsch. Hg. von Helmut Kasten. München 1968.
Plinius – C. Plinius Secundus d. Ä.: Naturkunde Lateinisch-Deutsch. Hrsg. und übersetzt von Roderich König in Zusammenarbeit mit Joachim Hopp, Gerhard Winkler und Wolfgang Glöckler. München/Zürich u. a. 1973-2004.
Plutarchi vitae parallelae. Bd. 3 Fasc. 1, Hg. von Konrat Ziegler und Hans Gärtner. Stuttgart/Leipzig 1996.
Seneca – Philosophische Schriften. Hrsg. und übersetzt von Otto Apelt. Wiesbaden 2004.
Sueton, Das Leben der römischen Kaiser. Hg. von Hans Martinet. Düsseldorf 2001.
Varro – Marcus Terentius Varro, De re rustica. Gespräche über Landwirtschaft. Hg., übersetzt und erläutert von Dieter Flach. Texte zur Forschung 65-66. Darmstadt 1997.
Velleius Paterculus, Historia Romana. Übers. von Marion Giebel. Stuttgart ^{2}2004.
Vergil, Aeneis, Hg. von Edith und Gerhard Binder. Lateinisch-Deutsch. 6 Bände. Stuttgart 1994-2005.
Vitruvii De architectura libri decem. Lateinisch-Deutsch. Übersetzt und mit Anmerkungen versehen von Curt Fensterbusch. Darmstadt 1964, ^{6}2008.

Forschungsliteratur (in Auswahl)

Arand, Tobias/Vössing, Konrad (Hg.), Antike im Unterricht. Schwalbach/Ts. 2017.
Clauss, Manfred, Lexikon lateinischer militärischer Fachausdrücke. Stuttgart 1999.
Connolly, Peter, The cavalryman. Oxford 1997.
Connolly, Peter, Tiberius Claudius Maximus. The Legionary. Oxford 1989.
Connolly, Peter/Dodge, Hazel, The Ancient City. Life in Classical Athens and Rome. Oxford 1998.
Der Neue Pauly = DNP. Enzyklopädie der Antike. Hg. von Hubert Cancik u. Helmut Schneider. Stuttgart 1996-2007.
Heinen, Heinz, Trier und das Trevererland in römischer Zeit. 2000 Jahre Trier. Trier ^{2}1985.
Heinz, Werner, Reisewege der Antike. Stuttgart 2003.
Junkelmann, Marcus, Die Legionen des Augustus. 15., gründl. überarb. u. erw. Auflage München 2015.
Landschaftsverband Westfalen-Lippe (Hg.), 2000 Jahre Varusschlacht. Stuttgart 2009.
Martini, Simone, Villa Otrang. Römisches Leben auf dem Lande. Trier 2005.
Schütze, Oliver (Hg.), Lexikon antiker Autoren. Stuttgart/Weimar 1997.
Simon, Erika, Die Götter der Römer. München 2000.
Weeber, Karl-Wilhelm, Panem et circenses. Mainz 1994.
Weeber, Karl-Wilhelm, Alltag im alten Rom. Das Landleben. Düsseldorf/Zürich 2000.
Weeber, Karl Wilhelm, Alltag im Alten Rom. Das Stadtleben. Mannheim 2010.

Internetseiten

Generaldirektion Kulturelles Erbe Rheinland-Pfalz, Burgen, Schlösser, Altertümer: http://www.burgen-rlp.de vom 15.2.2018.
Landesmuseum Mainz: http://www.landesmuseum-mainz.de vom 16.12.2017.
Museum und Park Kalkriese: http://www.kalkriese-varusschlacht.de vom 28.1.2018.
Römerwelt Rheinbrohl: http://www.roemer-welt.de vom 5.3.2018.
Trier – Zentrum der Antike: http://www.zentrum-der-antike.de vom 25.1.2018.
Villa Borg: http://www.villa-borg.de vom 21.12.2017.